VERSOS DEL PLURIVERSO

(Poemas que han sido añadidos
a *Cántico Cósmico*)

Versos del pluriverso
Primera edición
© Ernesto Cardenal, 2013
Editor: Greity González Rivera
Revisión del texto: Mario Urtecho (Nicaragua)
Diseño de cubierta: Juan Manuel Docampo

All rights reserved. No part of this book may be reproduced, stored in retrieval system, or transmitted in any form or by any means, electronic, mechanical, photocopying, recording, or otherwise, except as may be expressly permitted by the applicable copyrights statutes or in writing by the author.

Manufactured in United States of America

ISBN-13: 978-0615857954 (La Pereza Ediciones)
ISBN-10: 0615857957

La Pereza Ediciones, Corp
11669 sw 153 PL
Miami, Fl, 33196
United States of America

VERSOS DEL PLURIVERSO

(Poemas que han sido añadidos
a *Cántico Cósmico*)

ERNESTO CARDENAL

LA PEREZA EDICIONES

PLURIVERSO

Nuestro ciclo es el de las estrellas:
nacen, crecen, mueren; nuestro ciclo es corto
      –y el de ellas.
Ellas parecen estables
pero están muriendo como nosotros.
La segunda ley de la termodinámica es
que la estrella es un fenómeno pasajero.
El hoyo negro en que estamos y llamamos universo...
La segunda ley de la termodinámica predice
que sólo puede haber un final del universo:
morir de frío.
Y dicen: irá expandiéndose siempre,
y la distancia entre partícula y partícula será mayor
que el diámetro que hoy tiene el universo observable.
      Acabado todo proceso.
            El universo estabilizado.

      El estado final de la materia.
        Eso es entropía.
Y algo que aumenta con el tiempo.
Un progreso irreversible hacia el desorden.
Hasta el desorden total de la materia.
Entropía es el tiempo que se va
y no vuelve nunca para atrás.
Las curvas exponenciales de sus cuerpos:
todas las muchachas que yo amé
se las llevó la entropía.

Donde una estrella fue
sólo hay negrura y vacío,
      un hoyo negro.
La Segunda Ley:
que las cosas pueden ser más caóticas pero nunca menos.

El equilibrio termodinámico cuando cesa todo cambio...
El desequilibrio de las estrellas no durará siempre.
Alegre desequilibrio, ellas ardientes en los espacios fríos.
        Y donde ya no quede nada, tan sólo
     solitarios hoyos negros.
Hoyos negros, hoyos negros, hoyos negros,
de donde la luz ya no vuelve,
ni los astronautas.

Nuestra vida pasa a la velocidad de la luz
que es lo único absoluto de la Relatividad,
de la luz que no se atrasa ni vuelve para atrás.
      Nunca para atrás. Astrofísica triste.
Astrofísica triste del amante solitario en la noche.

Los que están en la constelación del Centauro
ven nuestro sol en la constelación de Casiopea
simplemente como otra estrella más.
Ellos no saben nada de nosotros.
Tú y yo en la constelación de Casiopea, y
los del Centauro ignorando la muerte de la Tierra.

       El espacio es sin substancia
       y es su nada la que es curva.
Y Wheeler:
"No hay nada en el mundo sino curvo espacio vacío".
     Donde la realidad es como un sueño.
     Ondulaciones de la nada.
     Átomos en su confuso mundo de semi-existencia.
Resultó la realidad ser ondas
pero no como las que rompen en una roca
o las del sonido o de la luz,
sino elusivas volubles ondas de probabilidades.
Y de ellas están hechos nuestros cuerpos,
sólidos cuerpos con seguros de vida,
documentos de identidad, parados por semáforos,
encerrados en oficinas, con rutinas newtonianas.
Y de noche sobre nosotros las estrellas interrogantes

ondas de probabilidad también ellas como nosotros,
sin tener nunca realidad como nosotros
a no ser por un observador como nosotros que
ondulamos en ondas de probabilidad.
      Con la creación comenzó la expansión.
          Y tiritan azules los astros a lo lejos...
Dicen que habiendo infinitud de mundos
hay un mundo en que Napoleón venció en Waterloo.
Y un mundo en que ella aceptó mi amor en Granada.
Pero esos mundos y el nuestro no se juntarán jamás.

Las ondas cuánticas son oscilaciones de posibilidad.
Ondas cuánticas que han sido llamadas ondas vacías.
Pero en la teoría cuántica no existe ninguna "nada".
También un electrón "literalmente no posee dimensión".
O:
    "no es un objeto como nosotros lo entendemos".
(Un electrón).
Las partículas no son más sólidas ni más permanentes,
se afirma, que las formas del chorro de una fuente.
Para Heisenberg, sin más sustancia que una promesa.
Se piensa que si el espacio-tiempo se viera
tendría forma de espuma.
Bertrand Russell no pudo contestar al taxista.
Muy viejo, subió a un taxi y el taxista lo reconoció,
y preguntó: "¿Cómo es toda la cosa pues?"
Por primera vez en su vida él no pudo contestar.

Si el universo se expande
¿Desde qué centro se expande?
¿O todo punto será el centro?
Así entonces centro del universo
es también nuestra galaxia,
es también nuestro planeta
(y la que para mí lo fue una vez)

¡Tener una descripción razonable del universo!
"El hecho de que es *universo* y no *diverso*".
      Un espacio tan inmenso

               por la inmensidad de tiempo.
Espacio y tiempo que no pueden separarse:
hablar de espacio es tiempo y viceversa.
Nunca se ha probado en un experimento que el tiempo pasa.
Que nosotros pasamos es otra cosa. Myriam, Adelita.
Los movimientos de los átomos son reversibles,
pero nosotros, hechos de átomos,
no somos, ¡ay!, reversibles.
La película no corre para atrás.
               Eso es entropía.
Anaxágoras creyó al sol del tamaño del Peloponeso.
No hace tiempo de eso. Ahora se han visto
tantas galaxias como un gas uniforme de galaxias.
Cien sistemas solares nacen cada segundo
en el universo explorable,
según Sagan.
Y en muchos tal vez un tercer planeta
con playas y cocoteros y mujeres
y con algún Sagan,
y un poeta solitario cantando a las estrellas.
               Se las llevó la entropía.

A una escala en que las galaxias son partículas de polvo...
El centro en todos los lugares y en ningún lugar.
Pero si las galaxias más antiguas van más rápido
estamos desacelerándonos.
               ¿Qué habrá más allá detrás?
               ¿El borde del universo?
Allí donde se ven más densas las galaxias
es que el universo era entonces más pequeño.
El borde-borde finalmente:
es el comienzo, el Big Bang.
¿La lanza, Lucrecio, arrojada más allá del espacio?
Se podría lanzar una lanza
más allá del límite del universo
pero no donde ya no hay materia, y ni una lanza siquiera.
               O el griego dijo una jabalina.
Es el final del cielo que es el comienzo.
Más allá no llega un telescopio.

Podía calcularse con exactitud dijo Einstein
la totalidad de su masa.
                Ese gas de estrellas
                y más inmensidad aún:
                un gas de galaxias.
                      ¿Y más
                      allá?
                      ¿Más allá de galaxias
                      qué será?
¿De dónde vino esto y adónde va?

Tiemblan un poco. ¿Por qué tiemblan?
Por nuestra atmósfera de la tierra.
Así temblará para otros nuestro sol.
Un enamorado mirando hacia aquí dirá
que tiritan azules los astros a lo lejos.
Y nosotros entre esos astros.
Por nuestra atmósfera parece que tiemblan.
Con la de Venus no se vería jamás una estrella.
Generaciones de ellas, digo de estrellas,
se necesitaron para que un día fueras bella.
Ex-estrellas que se comprimieron en neutrones
pesadísimos con liviana membrana de hierro,
o como a la estrella Cygnus X-1 la acompaña
una cosa invisible con la masa de cien soles
que parece que antes era estrella y hoy hoyo negro.

                      Existe la teoría de que me quisiste.
                      Mi prima Silvia la sostiene.

Y un día el planeta habrá desaparecido
y diez mil millones de años después,
habrá otros completamente ignorantes de nosotros
como ahora, diez mil millones de años antes
                otros sufrieron, amaron y soñaron
completamente ignorados de nosotros.

Todo en el universo gira.
¿Y el universo gira también?
¿Y gira en torno a quién?
Todo en el universo gira
y esfera es el deseo de un ser
de ser lo más pequeño y simple
que pueda ser.

El humilde planeta como el portal de Belén
cuna de la vida.
           El tercer planeta.
En un Supergrupo de galaxias 90% vacío.

Entender biológicamente el universo.
El Reino de los Cielos es biológico.

La luz que es energía y no materia.
El Big-Bang creó la energía
y la energía creó materia.
También materia invisible a tu alrededor
y dentro de ti.
     De átomos de estrellas tú...
Y entre tú y el firmamento no hay línea divisoria.

"Todo se interpenetra con todo"
                        dice Bohm.
        Los suspiros son aire y van al aire,
         pero la molécula de oxígeno en tu suspiro
        ¿dejó de vivir al salir de ti?
Materia viva y no viva son lo mismo.
Como también no hay vacío, no hay espacio vacío
y todo el universo es energía
que a veces toma forma de materia.
Otra vez Bohm:
Que cada electrón contiene todo el cosmos.

Materia viva y no viva son lo mismo.
Y cuando vos Claudia Argüello no estés viva
¿no estás viva?
Hay átomos en la tierra, en el agua y en el aire
que después estarán en una muchacha como Claudia
(la de entonces)
¿y antes de estar en ella no están vivos?
Las categorías de alma y cuerpo son arbitrarias,
y no hay dualismo, Claudia.
          O muchacha que es ahora como ella,
la de antes.
          El suelo que pisas está vivo
          y el aire que respiras.

Todo con todo.
Y la interrelación de todo con todo según Chardin
es mayor cada vez.
Cada vez más inadecuado pensar como individuos.

La que más quisiste y no te quiso
quiera o no quiera estará unida a ti
donde todo está junto en un punto.
Lector/a, puedes dar estos versos
a quienquiera que sea que no te quiera.

Como las reglas de la mecánica cuántica.
Tantos años después: si tal vez me quiso.
Fue mi primer amor y es tan absurdo ahora
como las reglas de la mecánica cuántica.
Las reglas es que todo es probabilístico.
El amor que no fue. Pero tal vez fue.
Como las reglas de la mecánica cuántica.

Protón y electrón:
Mientras más se acercan mayor la atracción.
Como labios rosados que se acercan como dos rosas
y después las jugosas bocas se abren
y entra una dentro de la otra como cópula.
(Como una suave confusión de bocas que yo vi en el tren
entre Nuremberg y Munich).

Si tuviéramos una visión 2×10^{11} años luz
en vez de 2×10^{10} como tenemos
¿qué veríamos?

¿Qué olas son las que hacen al reventar
esa espuma de galaxias que es el universo?
Y que sea curvo el espacio.
Curvo como una manzana.
¿O como un cuerpo de mujer,
la geometría no euclidiana de la mujer?

El charco en la calle está muy sucio
pero en el charco hay un cielo limpio
y en el cielo una araucaria.
         "La belleza no es accidental en la naturaleza".
La belleza es funcional, y su función es la belleza.
La belleza es funcional, y es para mirarse.
    Los tigres
es por fuera que son bellos.
Las vísceras son monótonas.

La garza trae canciones, dicen los boras.
Las inspira, quieren decir (los indios boras).
El aire fue también para el trino y vuelo de las aves.
La belleza de los animales ante la cual
la hipótesis de la selección sexual de Darwin
dicen, es insuficiente.
    "Si la naturaleza no fuera bella..." (Poincaré)
El *Kosmos Kosmético* (bello) según Justino.

Y estamos hechos para ser saciados según Justino,
San Justino.
Aunque ahora nos oprimen los injustos.
    "Si Dios estuviera con vosotros, Justino,
    no os oprimirían los injustos"
dijo el pagano.
Kosmético, a pesar del neoliberalismo.
Por lo que ha dicho Heisenberg
que el universo no está hecho de materia o energía
sino de música.

Las partículas elementales con conciencia elemental.
Anaxágoras dijo que los cielos y la tierra
están hechos de las mismas sustancias
y casi lo matan por ello.

Los metales de nuestro cuerpo
—suaves cuerpos con metales—
como sabemos, son de estrellas.
Que no vemos. Ya no existen siquiera.
¿Qué pasó con ellas? Colapsaron
hacia el olvido. En hoyos negros.
Nuestros suaves cuerpos con metales
nacidos de hoyos negros y del olvido.
    Tú que fuiste joven y bella,
    inspiraste epigramas una vez
    y como mi vejez estás vieja,
    mira las estrellas:
entre ellas también hay estrellas ya viejas.
Otras que murieron. O vivieron pocos años,
pocos cienes de millones de años.

Si el siguiente paso es del hombre al robot ...
—un robot obediente sin capacidad de pecar—
y Dios ha querido un Reino de los Cielos de robots.
No, dice Faus, el Reino de los Cielos no será fascista.
Tampoco Dios diciendo:

"Perdimos. Ya no hay campo socialista.
Perdimos también las elecciones sandinistas.
Empecemos otra vez desde el comienzo. Cambiemos de sistema.
Dejemos este pendejo sistema solar".

El mal es porque Dios nos hizo libres.
Porque la creación no fue fascista.
Él no quiere la extinción
de uno solo de sus planetas habitados.
Y el sistema solar es para buenos y malos.

Pero que creó su creación sin intervenir más
no es cierto. Me consta que no.

Si tenemos libre albedrío
¿Dios no?
Entre la ignorancia del ateo y la certeza del idólatra.
Creador. Pero ¿creador de qué?
Creador de creaciones. Y en la historia
creador de creadores. Y así no puede todo:
un círculo cuadrado.
                    O peor un Pentágono.
Atkins postula un creador inexistente,
pero a costa de una creación tan simple que es casi inexistente.
(Donde toda complejidad es aparente).

Un observador desde un punto de referencia
ve distinto que otro desde otro punto de referencia.

Un Dios que es amor no puede ser estático
ni completo.
Más allá del final del espacio o principio del tiempo.
O según Agustín fuera del espacio-tiempo.

Las galaxias alejándose de nosotros
y todas alejándose de todas sin un
centro del que se alejen las galaxias.

Todo en el universo tiene causa.
      Los cactus acuosos en el desierto
      son espinosos para defender su agua.
          ¿Y no tiene causa el universo?
Las manzanas son sabrosas tan sólo
para esparcir semillas de manzana
y las semillas de manzana tan sólo
para producir manzanas sabrosas.
La teoría ahora de que nuestros cuerpos son de cometas
(nuestros cuerpos 70% agua,
y lo más húmedo, la sangre: casi toda agua)
de colas de hielo de cometas que cayeron del cielo.
Tenía que ver la órbita de la luna
con la caída de las manzanas.
Y caen las manzanas pero la luna no cae ni se va.
La mente diseñadora del universo, dice Sir J. Jeans
tiene algo de común con nuestras mentes.
Y Bohm ve a la naturaleza intencional.

        Los electrones no existen sino
        'tienen tendencia a existir'.
           ¡Y estamos compuestos de ellos!
También todo electrón es igual a otro electrón
y es lo mismo decir que son el mismo
o diferentes.
    "No sabemos si la física describe cosas físicas".

        Limitados en el cosmos
          por los límites del lenguaje.
"Un excéntrico elemento del mundo físico"
(las partículas)
        dice Davies.
Mundo de potencialidades o posibilidades

y no de cosas o hechos.

                Los científicos y los místicos lo dicen.

Si el color no está en las cosas,
ni el sonido, ni lo que tocamos al tocarlas,
sino en nosotros,
¿existen las cosas? ¿y cómo son?
Para Poincaré
una realidad completamente independiente de la mente
es imposible, y si lo fuera, de qué nos sirve.

Y la posibilidad de que haya infinitos universos
sin que jamás los podamos observar,
ni saber dónde están
porque es sin sentido nuestro "dónde",
sin podernos comunicar con ellos
y sin saber si en realidad existen.

El que podamos, en principio,
regresar hacia atrás en el tiempo
como se puede en ciencia-ficción,
y allí escoger uno no nacer
como tal vez lo hizo en incontables universos
en que no nació.
Y yo pude escoger no haberte conocido nunca
pero no lo haría.

Si la teoría es correcta
todo lo posible es real en algún sitio.
Otra teoría es de un único universo en que todo es azar.
                Esos monos con máquinas de escribir
                  eternamente tecleando Shakespeare.
Y la nueva teoría de los neo-realistas:
que el universo está compuesto de cosas ordinarias.

Con arena de la playa se han hecho las computadoras.
El silicio es el principal componente de la arena.
Arena de mis castillos de arena,

                de un nombre escrito en la arena en Poneloya,
        del rastro de dos cuerpos en la arena:
una ola sola los acabó, y sólo quedó otra vez arena.
Cuasares del tamaño de este sistema solar
pero más brillantes que un trillón de soles
y a veces más que cien mil galaxias; y una billonésima
de billonésima del diámetro del núcleo de un átomo:
con esta arena de la playa se han observado y calculado.
Arena donde se esfuma la espuma como galaxias
de la ola que es sólo volubles probabilidades.

Cuántas veces desde la arena hemos mirado las estrellas.
        Ellas de donde venimos. Consideremos
la evolución de una estrella hasta ser una muchacha.
        Entropía es la anti-evolución
                y a fin de cuentas no existe.
        Evolución y trascendencia:
                        No hay diferencia.
El cosmos un proceso no acabado todavía
y la vida es un intermedio en ese proceso.
Una tierra que ansía unirse con el cielo
y un Dios que no es sólo funciones ontológicas.
Desde el Big Bang hasta el Reino de los Cielos.

Vida en todo planeta que sea favorable.
¿Y universos donde quiera que sea favorable?
Lo plantea Prigogine.
Un creador no de uno sino múltiples universos
¿infinitos universos con un único infinito Dios?
Universos paralelos con copias exactas de uno mismo
donde vos no podrías distinguir si estás en uno o en otro.
O tal vez uno dentro del espacio del otro.
El gato de Schrödinger muerto en uno y vivo en otro.
Y donde las contradicciones de la cuántica se concilian.

Hay necesidad de nuevas metáforas científicas.
Contra mecanicismo mecánica cuántica significa
que tiene libre albedrío un electrón.
Y también de nuevas metáforas poéticas.

"Ya hay como una inteligencia en el electrón".
En este planeta todavía caliente
y que por dentro es fuego   (asómense al volcán Masaya)
con más calor que la superficie del sol.
     Hombre Nuevo y Mujer Nueva es
     un nuevo acontecer biológico.
Los cuerpos son partículas elementales y campos de energía
pero las almas no existen solas
sino sólo como parte de una cosa mayor.
Toda la materia está unida según Bohm.
¿Y las almas no estarán más?
El muchacho y la muchacha en una esquina,
frente a la farmacia, y entre el claxon de los taxis
preguntó él: "¿Y tú cómo te llamas?"
En Madrid, bajo el neón de la farmacia *Mary*:
     "¿Tú cómo te llamas?"
Cada encuentro de dos unifica el universo.
Había ido en tren de Nürenberg a Munich
donde leí del *Cántico Cósmico* con citas de Bohm y todo
y el Instituto de Astrofísica me invitó a charlar con ellos
y hablamos de física y mística; extraterrestres: uno
dijo que no hay; otro negó el Big Bang. Con café y galletas.
Otro, que no existe el tiempo, y otro:
por qué decir universo, como si fuera uno
y no pluriverso.

CON MARTÍ MIRANDO LAS ESTRELLAS

Nacidos de ese evento tan improbable
el Big Bang.
Antes del cual no había luz, ni oscuridad tampoco
y tampoco tiempo
y con el cual empezó la evolución.
Dios habrá visto que "todo estaba bueno"
        billones de años después.
    La vida engendra vida, pero antes
la no vida engendró vida.
Por errores en el ADN, la variación, la evolución.
Si hubiera sido siempre perfecto
no hubiera habido sino microbios.
      De ameba a reptil a simios etc.
      grados de percibir más y más realidad.
ADN
    escritos todos con el mismo lenguaje y el mismo alfabeto.
    (¿en otros planetas habrá otros lenguajes, otras letras?)
Escamas de reptiles fueron plumas de dinosauritos
y después de pájaros. ¿Ciega selección natural?
Por otra parte hay crustáceos
que en 300 millones de años no han evolucionado.
La tecnología de la tela de araña es siempre igual.
    Nosotros
      agentes conscientes de la aceleración de la evolución.
No biológica, conste.
      Esa vastedad del universo
      que sólo sabe por nosotros.
      Somos átomos inteligentes.
      Estrellas estudiando las estrellas.
En los lodazales de la Tierra el cosmos se hizo vivo.
Y tras corto tiempo —en nosotros— se entendió a sí mismo.
Nosotros

"la más compleja de las moléculas"

La luna como una bola de rugby.
    A las 8 a.m. sobre los Alpes.
    ¡Todo lo que Tú tocas es tan bello!
¿Que cómo se ve la Tierra desde la luna?
Respondió el astronauta: —"Frágil".
Se ve también sin ninguna división de naciones.
Y el Sol: su luz blanca en cielo negro.
De reacciones puramente químicas
se pasó aquí a vida inteligente.
¿Habrá otros así en otros planetas? ¿Y tienen cuerpo?
¿Hasta dónde los habrá llevado la evolución?
Algunos podrían ser nube interestelar solamente.
O seres inteligentes hechos sólo de radiación.
Que podríamos llamar ángeles en nuestro léxico.
No estamos pensando en películas de Hollywood.
El encuentro sería otro paso de la evolución.
    Extraterrestres y terrestres.
Ya no será cambio sino transformación.
Tras el encuentro no hay sino trabajar juntos.
Hijos del mismo vientre del Big Bang.

¿A trescientos años luz?
      ¿Tres mil años luz?
La "conversación" no es fácil.
    La trasmisión más potente
sería un leve murmullo a través de la Galaxia.
   Esperando que sean misericordiosos con nosotros.
Aunque aún sin señales de civilizaciones en el vecindario.
Pero ya Lucrecio lo pensaba:
existirán en el cielo otras tierras con gente y animales.
   Por qué no. Billones de planetas humanos en la
Galaxia.
En la URSS era un dogma leninista.
    ¿Qué impacto en nuestro arte?
¿Cómo sería otra especie inteligente?
Dyson teme una tecnología sin control.
¿Y si todos los extraterrestres del universo, con nosotros,

estamos tratando de crear un universo mejor,
un nuevo universo?

      Metrodoro de Chios escribió:
"Como una única espiga de trigo en un campo
sería un único mundo con vida en el universo".
      (Contrario a Aristóteles y la Iglesia).
Si el sol es una estrella ordinaria,
y los planetas son comunes en una estrella
y la química de nuestros cuerpos...
Otros Cristos en multitud de planetas pensó Descartes.
Marconi creyó oír señales de Marte, que serían
un ascensor cercano o truenos lejanos.
¿Pero si no es una espiga sola
sino un trigal el universo?

Solentiname. Suelo constelado de luciérnagas
y cielo con millones de reacciones nucleares.
Alcé una semillita de zacate pará.
Del zacate pará que cubre todo el potrero
y entendí que el tamaño no es importante.

Estrellitas tan chiquitas
que son soles tan inmensos.
¡Qué mundo al que naciste
     Ernestito Laureano
con lo grande tan pequeño
y lo pequeño tan grande!

Alcé una semilla del malinche
que sembré hace años en Solentiname
y vi en la semilla una flor,
y en esa flor una semilla y en ella otra flor,
malinches tras malinches rojos como sangre,
malinches y malinches y muchachas
bajo malinches o en su pelo flores de malinche
en la semilla de malinche que hoy recogí.

¡Universo: nada me apasiona tanto como tu evolución!

    Por milenios *Homo sapiens*
    hombres y mujeres *Homo sapiens*
    han mirado esa belleza allá arriba
    sin entenderla.
Celestes les llamamos y son
piedra y tierra como nosotros.
Nosotros girando alrededor de una
de las 10^{11} estrellas en la galaxia.
Seres que defecan, usan desodorantes,
descubriendo los secretos del cosmos.
El cual existe por nosotros. Nos
necesitó para ser real.

En la dirección del alma
la evolución biológica.
Fibras nerviosas que no piensan
crean el pensamiento.

        Lo nuevo siempre es una cosa
        que no tenía por qué ser así.

La evolución es todo cuanto existe.
Y es con un propósito, no sólo
impredecible selección natural.
¿Quién me tejió dentro de mi mamá?
El ojo se perfecciona
hasta que el feto va a salir.
Sin agua de mar no podemos ver
y nos mojamos los ojos con los párpados
sin que haya oscuridad al parpadear.
Electricidad y magnetismo no pueden separarse,
es electromagnetismo descubrió Maxwell, y es la luz.
Nuestros ojos son para ver la luz
hasta el comienzo del tiempo
y más allá del comienzo: la eternidad
        ¡nuestro futuro!
Los fotones son sociales,
salen cada uno por su lado
y cuando llegan es todos juntos

                (como nosotros)

Hay océanos y lagos allí arriba.
¿Y especies ya más cerca del Reino de los Cielos?

Bolita azul y blanco en el cielo negro
fuera de la atmósfera.
              Espacio sideral
es en el que estamos.
Somos los marcianos que ya llegaron.

El tiempo. El tiempo.
¡Nuestro enemigo el tiempo!
Pero en él se mueve la creación y sin él
no habría evolución.
Hace 4.000 millones de años fuimos solamente piedra.
La piedra se hizo seres vivientes
que volvieron a ser piedra
              "Para los geólogos es difícil hallar rocas
                    que no hayan sido parte de organismos vivos"
y otra vez iremos al fondo de la tierra
donde la piedra está hecha fuego
para salir después como lava
y ser seres vivos otra vez.

Salió líquida del magma de la tierra
              arrojada por la boca de un volcán
        todavía ardiendo al rojo vivo
                    río de roca roja
              corriendo cuesta abajo
masa fundida de sodio y sílice
y se fue enfriando, solidificando y cristalizando
        separada después de lo demás de la masa
              estuvo una vez bajo el mar
el mar se retiró y la arrastraron ríos
              rodó más sobre la tierra
        al fin quedó quieta en un llano
reduciéndose poco a poco su tamaño
por la lluvia, el sol y el viento

      puliéndose y haciéndose casi redonda
           cada vez más pequeño su tamaño
hasta que una mañana mojada de septiembre
cuando los filibusteros atacaban San Jacinto
Andrés Castro la levantó del suelo
y con ella mató un yanki.

Confucio dijo:
"Tienen una sola naturaleza los humanos.
Sus costumbres [sus culturas] los separan".

Es cierto lo que dice san Agustín:
nacimos entre los orines y la mierda.
Pero aquí donde me ves soy extraterrestre
con partículas que estuvieron antes separadas
a años luz.
Mamífero del orden de los primates
a Su imagen y semejanza en el cuaternario.
Del barro de la tierra quiere decir
del polvo de las estrellas.
Todos pecamos en Adán quiere decir
en el *Homo erectus.* El pecado es genético.
Por los colores de las frutas nuestra visión en colores.
Eva era negra, en el África sub-sahárica,
con un cráneo largo, liso y elegante.
Comía frutitas entre jirafas y gacelas.
           La evolución consciente de sí misma.
           La misma conciencia de la evolución.
Los reptiles no sueñan, se dice,
sólo aves y mamíferos,
pero viven como en un sueño.
Y cuando soñamos reviven en nosotros
nuestros antepasados reptiles.

Pese a las catástrofes naturales
que sólo entienden la religión y las compañías de seguros
nuestro progreso social es equivalente
a un aumento de circunvoluciones del cerebro.
           Una parte de nuestro ser que es colectiva.

La cooperación es a todo nivel biológico y
tan antigua como la vida.
"No conozco ningún organismo que pueda estar aislado".
Y:
    "Preguntar por el origen de la cooperación
    es como preguntar por el origen de la vida"
       O en beisbol por ejemplo.
Células individuales de Myxobacteria, por ejemplo,
salen a cazar en grupo,
como una manada de leones acorralando una gacela.
Compasión como un factor de la evolución.
    Altruismo el otro.
Desde que éramos animalitos chiquitos entre dinosaurios.
La primera economía fue compartir.
En esta clase de planeta, esta biosfera,
es la cooperación, dice L. Thomas.
    Lo que enseña la sociobiología:
    Hacer bien a otro es hacerlo a uno mismo.
"Levantándonos en común, parejos como una milpa"
dicen los tzotziles de Chiapas.
Un mito de nuestro tiempo:
que la guerra está en los genes.
Nosotros decimos: somos un animal cooperativo.
    O ésa es la hipótesis.

Que tu picnic no quite comida a otros.
    Gozar del planeta por igual.
El tordo que ante el gavilán silbó alertando a los demás
mejor hubiera estado callado...
Muggeridge preguntó a O. Wilson
si la biología podía explicar a Madre Teresa.

Hay en los animales un alma de la especie.
Lo que dirige la migración de las aves.
Y en los humanos también lo mismo
pero personal.
El lenguaje de las abejas tiene millones de años
pero entre nosotros ya nadie habla sumerio.
Y la evolución biológica se viene desacelerando

desde el Cámbrico.
      Biológica he dicho.
 Según los fósiles
la entropía triunfa sobre la evolución biológica
hasta que un día ya no habrá evolución biológica,
tan sólo evolución humana
no biológica.
     Yo tengo 20 años dijo Laureano
y no quiero ver el Reino de los Cielos cuando esté viejo
sino ya.
    (Mi acción revolucionaria
     por la fe en la resurrección de los muertos
       dijo el comunista francés
        expulsado del partido).
"el amor, o sea Dios"
  escribió Sandino.
"El comunismo del amor"
    (A. C. Sandino)
Y Nicaragua llamada por él
"la tierra prometida del comunismo mundial".
Todo encuentro con otro es por el Otro.
Aunque es peligroso hablar de Dios
dice Orígenes.

Galileo halló el sistema muy complicado;
sin la Tierra en el centro
se simplificaba.
  El tercer planeta.
Donde la radiación solar nos hizo ver.
Sin nosotros es ciego el universo
(aunque planetario es igual a infinitesimal).
Los que no creen que seremos mejores
y los que sí.
Y Reeves dice:
     El hombre nació del primate
     ¿qué nacerá del hombre?
  Los que llaman utópica a la Utopía.
Lo fue antes. Ya no con la actual tecnología.
Aquella noche con Fidel en la Universidad.

Una gran mesa con los estudiantes. Dijo Fidel:
"El socialismo es antiinstinto.
El capitalismo es muy peligroso porque es atrayente.
El socialismo está en desventaja porque es sacrificio".

No hay señales de heces fecales
de extraterrestres en la Tierra.
¿Esta parte de la galaxia estará deshabitada?
¿O no hay en ninguna parte y estamos solos en el universo?
¿O están como nosotros tratando de comunicarse?
¿O nos están estudiando?
        El llamado "Principio de la Mediocridad":
Un planeta y un sol son algo muy común.

        Como un niño de pecho en brazos de su madre.
"Todos somos hijos de la misma Madre"
fue el mensaje de Aleksandr Aleksandrov
al ver USA y URSS bajo la nieve.

Tal vez un día habrá una ciudad esférica:
        Toda la tierra.

El pecado es ir contra la evolución.
La irrupción del futuro en el presente
es la evolución.
El futuro que siempre está viniendo
y avienta al presente hacia el pasado.
La evolución son las revoluciones.
        "Los cambios en las especies
        no son continuos sino discontinuos"
Ya hemos visto que tuvo principio
¿cuál será su fin?
¿Los hoyos negros que son una masa sin materia,
en los que acaba la física
y ya no hay teoría de la Relatividad?
        Entrando con paso firme en el futuro negro…
Sistema solar tras sistema solar, galaxias tras galaxias
se extinguirán.

Según la Relatividad
todo es relativo excepto la velocidad de la luz.
     Entre los hoyos negros del nunca más.
Y la luz va siempre por el camino más corto.
Todo ser tiende a trascenderse, y es la Evolución.
Hay delfines que casi han hablado inglés,
en acústica sub-acuática que es a veces ultrasónica.
Sus sonares y radares son mejores que los nuestros.
En tecnología no antropocéntrica una alta tecnología.
Su cerebro con más circunvoluciones que el nuestro.
Su visión bajo el agua es igual que en el aire
y en la superficie mitad aérea y mitad acuática.
    –Su inteligencia no la conocemos.

        Todo ser tiende a trascenderse.
        A ser un ser superior al anterior.
        ¿Y el ser humano no tenderá también
        a trascender a otro ser mejor?
        Pero es peligroso hablar de Dios.

Somos animales, que son elementos químicos, que
son átomos, que son sólo niebla de probabilidades.
¿Y cómo el azar es causa del orden? Dice Talbot
que los electrones parecen tomar decisiones.
Y Dysson: "La mente es inherente al electrón".
Aunque si la vida yendo hacia más vida
viola la segunda ley, la sagrada segunda ley
this is not the case, dice Paul Davies.

Hay orden aun en la espuma de un torrente.
"Caos" es ahora término técnico
que no quiere decir caótico sino un orden más oculto
(formación de las nubes, ciclones, Bolsa de Nueva York)
y hay que descubrir el orden en el aparente caos.

        Bola de beisbol lanzada
        con aplauso o sin aplauso
        con error o sin error
        que no se quedó en el guante

                    y donde quiso voló.

La fórmula es:
Todos unidos pero cada uno es uno.
Y según Bohm
todas las cosas se tocan,
todo conectado con todo
y es instantáneo todo.
La separación es aparente.
Éste es el más importante don
de la física cuántica, casi
como cuento de ciencia-ficción.
No hay partículas separadas
dice Bohm.
Ciencia-ficción tomada seriamente.

Un niño iba sobre cubierta mirando las estrellas
y sentado junto a él José Martí.
Después nonagenario grabó para Cintio Vitier
lo de Martí.
"¿Tú crees que fue hecho para que lo contemplemos
un tiempo breve? ¿A ti no te parece
chico, que habrá algo más grande que nosotros?
            ¿Tú te das cuenta
de lo que eso representa y que aquí abajo nosotros
somos parte de eso?
Así pues para que sepas que no fue hecho para divertirnos
y tenemos obligaciones con eso que se ha creado".

Ahora Wheeler pregunta que
para qué sirve un universo sin conciencia de ese universo.
Y agrega que el universo es tan grande
porque sólo así podríamos estar nosotros.
Y Barrow:
Nuestra existencia es causa de la estructura del universo.
        Muy misteriosa física es ésta.
Que condiciones físicas produzcan al hombre, bien.
¿Pero que el hombre produzca las condiciones físicas
para aparecer él después en el futuro?

"El universo tenía que crear observadores de él".

Un niño sobre cubierta mirando las estrellas
y sentado junto a él José Martí

EL UNIVERSO DE 3 LIBRAS

Las estrellas que tú ves
están en tu retina, mi amiga.
En la bóveda celeste de tus ojos.
Y si miro el pasto, las montañas,
como si estuvieran afuera,
no miro nada afuera
sino su imagen en mi pupila.
Y si te miro a ti como afuera
(hablando ahora en este restaurante)
te miro sólo en mi pupila.
Y tocarte, si es que yo te tocara,
no sería que tocara tu piel
sino la mía, sus vibraciones en mi cerebro.
No es que no existas afuera, verdadera,
amiga mía,
pero tu realidad dentro de mí es ilusión.

Así mientras hablamos en este restaurante,
al fondo los Alpes, en un monte
un castillo de Disney.
Campanas de la aldea cantando en hierro.
Repito que al mirar una persona
su imagen está dentro de mí,
no fuera donde está la persona.
Y si me miro tridimensional en un espejo
es sólo mi imagen plana detrás,
en el fondo azogado del espejo.
    ¿Y no existe la realidad objetiva,
      una piedra, un taxi, un espejo,
      o no existe como la creemos existir
      y es verdad lo que dicen los místicos
      que toda realidad es ilusoria?

¿Lo que llamamos el mundo real es mental?
En otras palabras:
      ¿cuál es lo real no mental?
¿El mundo es hasta que entra en los sentidos?
O tal vez conciencia y realidad física
son dos manifestaciones de lo mismo.
          ¿Existe el mundo de afuera?
          Existe el mundo de afuera.
          Si el semáforo está en rojo
          para todos está en rojo.
          Es objetivo.

Por el cielo pasan rápidos los pájaros de Borges,
los pájaros teológicos cuyo número no supimos
pero tiene que haber (dice él) alguien que lo sepa.
      En este mundo de regular irregularidad...
M es finita y puede calcularse con exactitud
según Einstein (M es la masa del universo)
y Eddington la llegó a calcular en gramos.
Y yo iba con Nicanor Parra en bus en la India
al Taj Mahal, y me habló del físico que calculó
el número exacto de átomos del universo
y dijo: el que no crea que los cuente.

Volviendo a lo de antes,
ver una roca
no es ver una roca
sino la luz que la roca refleja.
Igual que tocar una mujer
es sólo tener en los dedos
sensaciones de un cuerpo de mujer.
Lo que hay fuera de nosotros es fantasmagórico.
La realidad es organizada en nuestra mente.
    Si no, que lo diga la cuántica.
  Pero no por mental es menos real.
Idealismo y materialismo es lo mismo.
No hay materia sin mente que la observe
y sin materia no hay cerebro con mente
y menos aún evolución de la mente.

>   "Sin materia no hay nada que se vea,
>   y sin observador no hay universo".

¿Un universo sin nadie que lo observe
no sería igual a uno que no existe?
¿Y si todo es a la vez objetivo y subjetivo?
¿Sin diferencia entre la realidad y la mente?
Onda y partícula son incompatibles
y ambas son características de la materia.
De materia incompatible estamos hechos.
En un universo en el cual
la mayor parte es vacío intergaláctico.
Y un universo donde
"lo característico de los átomos es su vacío".

Materialistas somos
pero resultó que la materia no era sólida
sino interacciones de campos de energía.
La onda no es una ola real sino de probabilidades.
>   La mecánica cuántica, de la que
>   dice Feynman, nadie entiende.

No podemos observar la desnuda realidad,
la observación es parte de lo observado.
Sujeto y objeto ¿quién nos los separa?
La manzana está en la mesa y en la mente.
>   ¿Y la mujer que parte la manzana?

Pues sí, esta materia nuestra en la que
>   "un electrón no observado es irreal".

Y en la cual
>   "prerrequisito de la realidad es observarla".

Y también la mente como propiedad de la materia.
¿Materialismo? Si ni sabemos qué es materia.
Y la conciencia no está en los átomos del cuerpo
pues duran tan poco los átomos en el cuerpo.
Yo tuve 20 años una vez.
>   Cuando en la ecuación aparece el para siempre

es el hoyo negro.
Hoyo negro donde el tiempo se para
y el espacio se alarga al infinito.

Energía y electricidad son realidades
                      y no sabemos qué son.
El campo electromagnético dice Feynman
más difícil de imaginar que los ángeles invisibles.
Ondas y partículas son metáforas, dice Gribbin.
Y no podemos dice Heisenberg
          "hablar de átomos en el lenguaje ordinario".
¿La materia entonces como abstracción matemática?
Carmen se llamaba
          y no era en aquellos años abstracción matemática.
Se ha descubierto que los electrones tienen sexo.
En el centro del átomo una cámara nupcial.
          "La unidad es plural con un mínimo de dos".
¿Y las partículas como diferentes notas musicales?
          La analogía es buena dice Witten.
(Las notas musicales).
Ritmo es dualidad. Lo solo sería monotonía.
Como uno no puede hacerse feliz a uno mismo.

El universo cada vez menos máquina y más alma.
La materia es casi toda ella sólo espacio vacío,
dijimos, pero no hay espacio tan vacío
que no esté lleno de partículas espectrales y efímeras.
El vacío no es la nada sino está lleno de energía
aparentemente sin partículas permanentes
          ¡y nuestros cuerpos están llenos de vacío!
Las sólidas bolas de billar
se volvieron blandas y confusas probabilidades.
El vacío ya no vacuo sino vivo y palpitante.
"Les llamamos partículas a falta de un nombre mejor.
Qué son en realidad, no sabemos".
La cosa es complicada. Según Heisenberg las matemáticas
no representan la acción de las partículas elementales,
sino nuestro conocimiento de esta acción.
La sola materia pues resultó ser sólo absurdos *quarks*
así llamados por un absurdo chiste de *Finnegans Wake*.

La teoría de que la materia sólida se disuelve
en excitaciones de invisibles campos de energía

y ya no hay distinción entre substancia material
y vacío (esto es, espacio aparentemente vacío).
   Y el universo es casi imaginario
   o más bien es pura información.
Una partícula sub-atómica no tangible pero
de ellas está hecha la materia tan tangible.
La "onda de probabilidad" medio aristotélica,
      una especie de realidad física
      entre la realidad y la posibilidad.
Volviendo a lo mismo:
que la realidad no observada no es real.
Y un objeto es sin atributos si nadie lo ve
    (Von Neumann).
Y el que toda visión del ojo es ilusión óptica,
mi amiga.

     "Ni siquiera el color del bifstec es real"

Igual que el electrón si no es observado no existe.
La materia es real o irreal, como tú quieras.
     Los cuantos, un cosmos esquizofrénico.
  Que la materia son partículas es metáfora
y que son ondas, también metáfora.
Y con los átomos, dice Bohr, el lenguaje
sólo puede usarse como en poesía.

Ah, el átomo que es casi todo espacio vacío
y todas las cosas están hechas de átomos,
   y vos y yo.
     No existe mundo cuántico dijo Bohr
     sino descripción cuántica del mundo.
Y:
"La física no es para entender la naturaleza,
sino lo que decimos de la naturaleza".

La indeterminación al fondo de la materia.
El principio cuántico ya en Parménides.
Y para Bohm el universo entero es un holograma.
Y la conciencia una forma más sutil de la materia.

Partícula que es de una manera o de otra
según se le observe o no.
Mi decisión de cómo observar un electrón
cambia al electrón.
    No es objetivo un electrón.
Porque no se observa un electrón
sin aumentarle energía al electrón
así que no sabemos cómo era el electrón.
        Pero las partículas virtuales
        que nunca son observadas:
        ¿cómo es que existen realmente
        las partículas virtuales?
Y los átomos que están hechos de partículas
que no están hechas de nada material,
sin substancia, sólo danza de energía,
movimiento sin nadie que se mueva,
sólo danza sin danzantes.
"Se puede gozar de las delicias de la teoría cuántica
con tal de no tratar de entenderla".

Y también lo de Bohm:
        "todo interpenetrado con todo".
    Antigravedad nunca se ha observado.
Para Newton: el espíritu, investigable por la física.
El alma tenía átomos para Demócrito (átomos especiales).
Electrones de mi cuerpo que han estado en el viento,
en el mar, árboles, animales,
        y aun en otras galaxias.
    Es lo que nos hermana a todos.
¿Un destino confinado a un planeta nada más?

¡Que el tiempo transcurra a velocidades diferentes.
Y la distancia entre dos sitios distantes sea cero
porque la diferencia es de tiempo solamente!
        ¿Qué demente geometría es ésa
        en que el espacio es curvo?
        Curvatura de nada sobre la nada
        Sin ninguna dirección en que curvarse.
            (Ahora lo entienden los niños de la escuela).

No es el espacio el curvo sino el espaciotiempo
y ninguna cosa es curva.
                      La realidad de los físicos modernos
fundamentalmente ajena a la mente humana, dice Davies.

Complejidad del cerebro y simplicidad de la mente.
            Y entre lo complejo y lo simple
                ¿dónde están almacenados los recuerdos?
                    Los recuerdos, ay, y el olvido.
Nuestra vida y el tiempo en direcciones opuestas
como un tren corriendo en un túnel
y las luces yendo hacia atrás.

Cuando no tengas respuesta, mira las estrellas,
(las estrellas que están en tu retina).
No es que respondan. También ellas preguntan
mirándonos a nosotros, habitantes de una estrella.
La respuesta seremos todos, ellas y nosotros,
                porque somos todos la tristeza.
Tal vez el que seamos muchos en las galaxias
                          será la salvación.

Después de Einstein se demostró
que se envejece más despacio
mientras se avanza más rápido.
¿Y una velocidad infinita
no es un tiempo sin vejez?
Para Einstein el espacio es real
y el tiempo imaginario, o viceversa.
¿Y si hay un espacio-tiempo espiritual
escondido en las partículas elementales
y que la ciencia no puede detectar?
¿Y si la resurrección de los cuerpos
será de esas partículas elementales
que estuvieron también en otros cuerpos,
partículas elementales tras de las cuales
no hay nada más, sino Dios?
Todas las células de nuestro cuerpo

tienen los mismos cromosomas, sean
del ojo, del corazón, del hígado
¿y si las partículas de los cromosomas
son la misma partícula toditas,
todo el cosmos como un solo cromosoma?
Así entendemos mejor, aunque vagamente, Carmen,
el dulce dogma de la resurrección de tu carne.
El vos dentro de vos,
tu más íntimo tú,
consciente de su conciencia,
reflejo de espejo en espejo
(o sea infinitos espejos)
es lo que no muere. Pero no quiero
un vivir después de la muerte
sólo como pura información.
¿El alma sólo información?
Como Bohm sostiene
        (y no sólo Bohm)
todo es uno solo aunque lo vemos por partes.
Pero las separaciones sentidas como válidas.
    Un trapecio en mi infancia meciéndose
    en un kiosco en casa de mi tía Antonina,
    muy borrados ahora trapecio y jardín...
    Todo está conectado con todo,
    aun partículas sub-atómicas
    separadas por billones de años.
Desde los quasares a una candelita de cumpleaños.
Lo que Bohm ha llamado "no local".
Nada está en ninguna parte.
A nivel sub-atómico todo junto en todas partes.
Cielo y tierra estaban separados desde Aristóteles
y por eso la luna no se caía.
Hasta que Newton descubrió que éramos lo mismo
el cielo y la tierra, y por eso no cae la luna.
La implicación universal de la caída de la manzana.
Si la manzana no cae es porque todo cae sobre todo.
Y arriba y abajo es sólo en el planeta.
A escala del universo no hay diferencia
si decimos un año o mil años. Y un jardín ya lejano.

　　　　The red shift.
El espacio se expande, no las galaxias. Pero
¿en qué se expande el espacio? ¿en otro espacio?
La estrella que colapsa sobre sí misma
por su densidad y desaparece
¿para dónde va?
　　　　　　Oh Bohm, que sea cierta tu teoría.

El misterio que llevamos dentro o mente.
¿Es la manzana roja la misma para ti que para mí?
La misma fue para Adán que para Eva
aunque eran distintas sus neuronas
　　　　　　　　　　(y las de Newton).
Las manzanas se pudren y las neuronas
pero algo que no muere sale como mariposa
de la complejidad del cerebro y la simplicidad de la mente,
　　　　del universo de 3 libras que llamó Teresi.

HOYOS BLANCOS

Vancouver / otoño / 91
mochilas, shorts, T-shirts, faldas cortas, jeans,
libros bajo el brazo y libretas y cuadernos,
blandas piernas asoleándose junto a duros bíceps,
una pareja con Cocas y sándwiches en una bandeja,
otros o otras leyendo o escribiendo o haciendo nada,
sandalias o zapatos deportivos aprisa o despacio
en el pasto, senderos o escalinatas; telas de todos colores
como las flores junto al pasto, senderos y escalinatas.
¡Flores! Ya se marchitarán muy pronto en el otoño.
Es el primer día de clase y el primer día de otoño.
      T-shirts, shorts, jeans, mochilas…
¡poder ser joven otra vez y ser aquí universitario!
Veo sola en una banca a Rosario Castellanos,
su misma moña de siempre,
(después fue embajadora de México y murió electrocutada)
sorbiendo con una pajilla alguna cosa,
vista como en un sueño en el que ella no me reconoce.
Hay pinos verdes y tras ellos las montañas tienen nieve.
No es ésta la Universidad de México ni es hace 45 años.
Pensábamos que éramos felices
y creíamos que nadie moriría,
      si no era alguien con mala suerte,
y que ninguno de nosotros sería viejo.

El universo no es un accidente sin sentido,
ni fue, Rosario, tu muerte un accidente.
Hay un misterio al final del universo
y ya estás en él.
Si no morimos no nacen otros,
y por la muerte de otros hemos nacido.
Sin muerte no habría especie humana
ni ninguna especie.

O sea, no habría evolución.
–De los viejos a los jóvenes–.
Sin muerte no habría futuro.
La vida habría quedado detenida
en su comienzo.

Hay quien cree que la vida vino de otro planeta
porque la vegetación es verde.
La hoja rechaza al verde, que capta el ojo,
y es la mayor energía de la luz solar,
mientras absorbe al rojo que la alimenta menos.
Y es porque esta vida vino de otro sol.
Hoyle creyó las enfermedades extraterrestres.
Pero sea como sea, la muerte vino con la vida.

Los extraterrestres ¿también enterrarán?
Esta tierra se llenará de muertos,
hasta que no haya una pulgada sin ellos.
Dirán los muertos: creímos que nos íbamos
y no estaríamos juntos otra vez.

A propósito de esto, cuando murió Alejandro,
su hijo chavalito dijo que se pusieron alegres
Felipe y Donald y Elbis y Laureano
(sus compañeros mártires) y dijeron riendo
"ya estamos completos otra vez".
Y a propósito también
              su mamá soñó que le decía
              "mamá, ya tomé la medicina".

       Morir es entrar en Dios.
Cuando Dios ya no es un Otro sino vos.
       Vos sos Dios.

Es la unión con Dios ya sin religión.

Vivir es un fluir temporal de lo eternamente junto
donde el pasado no ha pasado y el porvenir ya fue.

Morimos porque estamos en un universo no estacionario.
Es un fenómeno de "edad" de los sistemas estelares.
Y la vida es organización más que substancia,
según Dysson, y por tanto
puede estar libre de la carne y la sangre.

                Una vida no molecular:
en la última fase de la evolución cósmica.
En que tampoco habrá, supongo, economía.
La química se hizo biología
hace cuatro mil millones de años.
¿La biología en qué se convertirá después?

Todas las especies se han ido dividiendo.
Sólo una se unió más y más.
¿Y no estamos ya a punto
de considerar todas las mentes
como parte de un sistema único?

                El árbol podría crecer indefinidamente
                pero prefirió dar semillas.

La muerte es reciclaje.
La muerte es otra fase de la vida.
El planeta es todo reciclaje, o no habría vida.
      Si no ¿cómo?
              Sagrado reciclaje.
Es entrar a nuevas combinaciones.

En nosotros hay algo que no muere.
Un ADN de los cuerpos resucitados…
Es un fenómeno orgánico la resurrección.
¿Qué cómo? Dado el cosmos que tenemos
no es difícil ese cómo.
Una especie de aplicación de la ley
de conservación de la energía.

 La misma fuerza que nos sacó del caos
es la que nos lleva hacia la muerte.

Pero lo que dice Prigogine es
que el desorden no es el destino final
al que nadie escapa, sino es de donde nace el orden.
Y esas partículas de vida tan breve que
casi no existen, son las que crean toda la realidad.
Y nuestras vidas son apenas un poco más largas
que las partículas virtuales
pero también de ellas sale el orden.
Mente que comprende el cosmos:
un cosmos creador de la mente.
Las dos cosas la misma cosa.
Nacidos de las estrellas
estudiando las estrellas.
La explicación de todo esto
los físicos quieren saber.

El anti-entrópico nacimiento del mundo.
Hay una cosmología común en todas las galaxias.
"Las estrellas son sociales, siempre en galaxias".
Pareciera que hay más estrellas de las necesarias.
En ellas es donde la materia se hizo luz
      –aunque qué es la luz no sabemos–
y entre ellas hay hoyos negros hechos de nada
sólo de nuestros conceptos de espacio y tiempo.
Acumulación de hoyos negros en el espacio negro
hasta que no quede nada del universo, dicen,
sino la Segunda Ley.
      Progreso versus decadencia del universo.
      Decadencia del universo versus progreso.
¿El combate de las estrellas perdido de antemano?
Si el universo tuvo nacimiento tendrá muerte
no hay vuelta de hoja ¿Y resurrección?
                           Algunos piensan
que en el corazón de cada galaxia hay un hoyo negro
donde el tamaño es cero y la velocidad infinita.
              Y van girando las galaxias
              hacia el fatal centro común
              a morir.
Pero en el hoyo negro muere y renace la materia.

El hoyo negro es también hoyo blanco.
Hoyo negro aquí y blanco en otra parte.

El cosmos ha sido creado para la resurrección.
Una meta que no es estática, por supuesto.
"¿Venceremos la Segunda Ley de la Termodinámica?"
es el grito de todos los muertos de la tierra.

¡Ah, una descomposición noble como la del hierro!
Y no esta gusanera que hizo santo al Duque de Gandía
cuando le tocó abrir el ataúd de la reina.

      Que el hidrógeno al hacerse helio
      no se hiciera helio todo él,
      helio inerte, sin vida ni muerte
      hasta el fin de los siglos amén;
      y que bajara el elemento 6
      como un mesías –el carbono–
      predestinado a producir vida,
      carbono prácticamente ilimitado,
      liberado de las limitaciones
      de los demás elementos, indica
      que la vida va contra la Segunda Ley.

Un principio fundamental, o
el principio fundamental:
de dos células microscópicas
nacen millones y millones de células
            y baila en el mar la ballena azul.
De lo pequeño a lo grande.
Si una molécula fuera como un automóvil,
dicen, una célula sería la compañía Ford.
      De simplicidad a complejidad,
      de confusión a organización,
      progresión en una sola dirección.
La conciencia, dice Schorödinger,
cuyo plural se desconoce.
Schrödinger, el mayor demoledor del concepto de materia.
      Llamémosle desmaterización.

　　　　Ondas de materia insubstanciales
　　　　como unas olas solas sin el agua.
"Lo que llamamos materia sin entenderla"
　　　　　　Y no es sólo onda ni sólo partícula
　　　　　　sino confusa mezcla de las dos.
Nuestro cuerpo es partícula
y nuestra mente es onda.
La mente es relaciones
y lo relacionado la materia.
La mente no es materia sino sus relaciones
y la diferencia entre nuestra inteligencia
y la del electrón es cuestión de grados.
Partícula y onda son persona y comunidad.
Y lo de Bohr: "Con los átomos las palabras
sólo pueden usarse como en poesía".
Como el que no hay distancia entre las cosas,
y nada es sólido, y la separación no es realidad.
El jazz se va haciendo mientras lo van tocando,
sin que nadie sepa hacia dónde va.

Envejecemos y morimos como los autos.
Pero si el tiempo no existe nadie se ha muerto.
Para que las cosas no sucedan todas juntas
es el tiempo, dice Wheeler.
Todo es simultáneo. El tiempo
lo hace aparecer no simultáneo.
　　　　　"Tiempo:... tú que no existes"
Tú que no existes sino en mis neuronas.
Resultó que no hay separación entre los seres
ni espacio ni tiempo que separe. Y Einstein
que dijo que esto era fantasmal y absurdo
estaba equivocado.
Todos los que llamamos muertos están vivos
porque el pasado existe como el presente
aunque inobservado.
Y cuando al Che muerto le lavan la cara
se vuelve como una especie de Cristo.
　　　　　"El Che no hablaba mucho del Che"
　　　　　dice Hildita su hija.

Parece ahora que, como el espacio y el tiempo,
la vida es también inherente al universo.
Podrá ser todo el cosmos un hoyo negro
y todos vamos cayendo en él
pero para surgir en otra realidad
en hoyo blanco.

Llegará un día en que el mar hervirá
y la corteza de la tierra se derretirá
con todos los muertos que en ella hubo.
El Sol crecerá y se acercará a la Tierra
y explotará con una luz que verán
a millones de años luz de aquí,
y todos los muertos irán en esa luz.

El temor a la muerte es un error de óptica.
Ese cielo estrellado ¿qué nos dice?
Que somos parte de algo mucho mayor.
La eternidad individual como parte
de una comunidad de eternidades. Y
la conciencia individual que surge
y se diluye en lo universal.
        Ontológicamente juntos.
        La unión del universo.

Como sólo miramos lo visible del espectro,
que llamamos luz,
así sólo miramos el ahora, y lo demás
está en tinieblas.
        (La muerte por ejemplo)

              Somos como uno que va en un tren
              viendo todo lo que pasa
              pero no lo que está adelante.

              Las hojas están vivas, y
              las flores por supuesto,
              pero el árbol entero no,

tiene la corteza muerta:
  son mis antepasados muertos,
  la muerte en el árbol vivo.

  El ave nace con plumas vivas
  que cuando vuela ya están muertas
  y es para volar que murieron.

El estudio de los fósiles demuestra
que las especies nunca se repiten.
Y la vida es nueva cada vez. La muerte
por tanto necesaria. Alejandro, Laureano,
habrá otros ustedes que surgirán después.
     Vendrán otros Camilos, dijo Fidel.

En la Revolución final los muertos
estarán todos resucitados.

"La santa milpa" dicen los mayas actuales
   (los muertos)

Todo es evolución. O sea que
todo está en función de todo.
Los seres unicelulares no mueren
porque son sólo células solas.
    Y tampoco evolucionan.
Mejía Sánchez en sus jolgorios decía,
haciéndonos reír a todos:
"Estamos casi felices".
Un poco triste ese chistoso casi
delante de felices.
Pero ahora que moriste Mejía
te digo que "casi moriste".

La conciencia es distinta de la materia y por tanto
puede sobrevivir al cuerpo.
    Morirá la muerte.
La ley más universal:
todo nace y muere en el universo,

aun las estrellas,
incluyendo también el mismo universo.
Pero todo nace de otras muertes,
aun las estrellas.
¿Qué nacerá de este universo?

El párroco de Sâo Félix de Marinha (Portugal) predica
que no enfloren las tumbas, ni las aseen.
Todas las tumbas están vacías.
Cuando él va a su aldea no visita la tumba de sus padres.
En los cementerios no hay nadie, dice.

Como campesino Alejandro conocía cada árbol.
Comentando el evangelio en la iglesia de Solentiname
dijo: "Aquí hay muchas soleras que son madroños,
y no dan las flores blancas que daban en el monte
en diciembre, porque ya son otra cosa.
Ahora están bien pintadas y durarán muchos años.
Pero ese cambio duele. Nosotros somos madroños…"
Él había pintado esas soleras en colores alegres.
Sin andamio, enganchado en ellas (yo temía que se cayera).
    Verde, azul, rosado, esos madroños.
Yace junto a la iglesia con sus compañeros mártires
bajo la bandera roji-negra de Sandino
que es rojo sobre negro –dijo Sandino- porque
el negro es la muerte y el rojo la resurrección.

    Decíamos los hoyos negros…
                      Hoyos negros infernales.
Yo estaba con García Montero en su casa del Albaicín
y preguntó su hija, cuando él contó que una niña de su edad
había muerto quemada: "¿Por qué?"
"Pues porque se incendió la casa" "¿Por qué?"
"Porque sus papás no estaban" "¿Por qué?"
"Porque habían salido y los bomberos llegaron
pero ya tarde" "¿Por qué?" Él ya no contesta.
Yo digo a los dos: "Éste es el por qué
que la humanidad ha preguntado desde siempre".
"Desde que era chiquita como tú, Irene" dice Luis.

Digo que san Agustín se lo preguntó y dijo disparates.
Como el que niños recién nacidos van al infierno.
Lo preguntó Job y Dios contestó (no muy convincente).
Y aquel ¿POR QUÉ? en arameo. "Papá, por qué me has..."
        Un Dios de la necesidad y el azar.
          Y por tanto variable, no inmutable.
Lo que está en juego no es la divinidad de Jesús
dice Miranda, sino la divinidad de Dios.
Tomando en cuenta que
en el siglo primero de nuestra era
cristiana que es o era nuestra era
Dios destruyó la imagen religiosa de Dios.
Comió y bebió con nosotros, cagó y orinó.
Lutero aclaró que a la diestra de Dios es en todas partes.
Por lo que hay la Trascendencia de Nicaragua o de Nigeria.
La resurrección no es individual sino colectiva.
Y todos los extraterrestres en que haya encarnado
son junto con nosotros el cuerpo de Cristo.
Él es la Cabeza, y por él fue el culto a los cráneos.
El único que nos puede salvar de la entropía.
No vino a explicar el dolor sino a compartirlo.
Nos enseñó a balbucear *Abba*.   Y a decir *Okay*
palabra que no es del inglés sino de los indios Idaho.

El universo es más extraño no sólo de lo que suponemos,
dice Aldane, sino de lo que podríamos suponer.
Materia sin dimensión son los hoyos negros.
¿Y los blancos?
"He aquí que lleno el cosmos de hoyos blancos"
Y los muertos se verán con dimensión otra vez.
Si el hoyo negro es el Calvario el blanco es la resurrección.
          Digamos pues O.K.

ECCE HOMO

No es que el hombre hubiera estado en él
(el Génesis sería antievolucionista)
sino que antes del hombre ya había paraíso.
       Ireneo lo vio como un *cambio perdido*.
          ¡Un paraíso en perspectiva!
Sería que no logramos entrar en él.
Los primeros homínidos
         (con la lujuriante selva tropical)
quedaron en los umbrales.
Todo primitivismo es una primera inocencia,
como la de la niñez,
y una desnudez.
       Isaías, Oseas, Zacarías,
profetizan el paraíso en el futuro.
Pecamos en Adán dice san Pablo. Los homínidos.
El hecho es que hubo una libertad. Que se usó.
Pero en Malmö vi con Daisy el largo muelle
en un Báltico con su azul de mayo
y cisnes en el mar, agua con algas, y al final del muelle
dos plataformas rigurosamente separadas,
una para los hombres desnudos asoleándose,
en la otra las mujeres desnudas
y sólo los niños nadando escondidos podían verlas
sacando del agua las cabecitas como peces,
aunque los peces están también desnudos y no les da
vergüenza:
Por qué la desnudez dio "vergüenza"
no hay teólogo ni científico que lo explique.

Por qué no andamos desnudos,
por qué striptease, revistas porno, Carnaval de Río,
pesadillas de estar desnudo uno en la calle.

Ni el pasaje del Génesis lo explica.
¿Están desnudas las palmeras y la garza?
Pero la mujer bajo las palmeras está desnuda.
La desnudez del Génesis sin hermenéutica todavía.
        ¿Se vieron desnudos? ¡Y qué...!
¿Será por el pecado original que andamos vestidos?
A la orilla del Lago Turkana encontraron
entre fósiles de homínidos
        ¡el de una hoja de higuera!
moldeada en el barro ahora petrificado
una hoja de higuera.

Dicen que dejamos de tener pelo como los monos
para estar más frescos bajo el sol tropical
y entonces fue que nos sentimos desnudos.
Y los pigmentos negros fue un pudor de la piel.

Pero sea como fuere
el Génesis no contradice el *Origen de las Especies*
pues el paraíso
        no es origen sino meta.
           Meta original, digamos.

El planeta quedó lleno de piedras
y un homínido las usó.
    Sílex contra sílex
    y sale la flecha.
        Dos flechas: una formada dentro del cerebro,
        la otra aun sin forma dentro del sílex.
El filo del pedernal quitó el de los colmillos.
Pero en la evolución del *Homo habilis* no sería
lo principalmente determinante la perfección de herramientas.
Muchos animales cazan juntos
pero no comparten lo cazado.
Cuando el mono compartió la comida
ya no fue mono sino humano.

      Dar y recibir: otra cosa que nos hizo humanos.
"La sobrevivencia del más apto".
Pero los más aptos son los más solidarios.
Comunión más que combate, dice Gould.
      En aquellas selvas
      no hubo ley de la selva.

El único animal en posición erguida.
Los brazos se acortaron
y se alargaron las piernas.
Hubo una capacidad física de andar en dos pies,
y una "ideología bípeda".
El estar de pie nos hizo inteligentes,
no ya un cerebro colgando de un cuerpo,
sino sobre un espinazo vertical dominándolo todo;
así se hizo más grande
y con más frente.
4 veces más grande que el del mono
por lo que la frente se hizo hacia adelante.
      La mano ya no caminaba.

Mientras estaba más tiempo erecto
usaba más sus manos.
Mientras usaba más sus manos
estaba más tiempo erecto.

El fuego también sirvió para juntarnos.
El fuego fue el lenguaje, las historias.
La penúltima ramita de la evolución
los neanderthales.
      La última nosotros (hasta ahora).
    La manito apretada del bebé
      es por el pelambre que tenía la mamá.
Neanderthal ganó al sapiens físicamente
pero no desarrolló los lóbulos frontales
(los de la imaginación y de la ética, y también las emociones).

El único vertebrado que fue filósofo.
        Hacía tiempo que la cola ya no era útil.
El fuego no sólo fue útil sino fascinante.
Y todavía lo es. ¡Niños con fósforos!
Adultos ante las llamas de la chimenea.
Metimos el fuego en la cueva y fuimos hombres.
Del interior del bosque –algún árbol ardiendo.
Metimos el sol en la cueva y en derredor danzamos.

"Como que una fuerza extraña escogió una especie
afortunada".
El hombre es en grupo.
Sólo existe el hombre como comunidad humana.
Mientras tanto quedaron frustrados los delfines.
Aerodinámicos, por tanto sin mano derecha o izquierda.
Y en el agua, sin poder encender fuego.

El instinto que hay en los niños de trepar a los árboles...
Todavía no se sabe por qué nos pusimos en dos pies.
Pero el ser erectos nos comprometió con el suelo,
a ser ya exclusivamente terrestres.

Los dedos pudieron moverse separados,
y el pulgar y el índice formar un círculo.
Los ojos habían sido para la noche y eran grandes.
Después fueron para el día y siguieron grandes
pero ya fueron mirados los colores.
Lo que en la selva monocroma fue ventaja:
un mundo en colores, tridimensional y tocable,
donde poder distinguir la fruta, cogerla y cortarla
      –y darla.
        Separar lo concreto de su entorno.
        Eso fue ya pensamiento. Y lenguaje.
Ver en colores se debe pues a las frutas maduras.

La curva hacia atrás sobre el lumbar
hizo erecto al cuerpo y más bello también.
Fue tal vez entonces que se sintieron desnudos.
El sexo en mitad de sus cuerpos.
      La fruta del conocimiento ético fue sabrosa.
      El Edén era en África.
Homo erectus: cuando ya fuimos hombres y no monos.
El paraíso no fue dado sino ofrecido.
Al hombre y no al animal. El paraíso era el progreso
no ofrecido al animal.

Miraron por eones las estrellas
con alguna regularidad y muchas irregularidades
y se preguntaban: ¿Qué son ellas?
Más tarde aprendieron aritmética contando ovejas,
      aritmética que los llevó a contar galaxias.

El único animal con nalgas.
Y en posición erecta se le ocultó el ano.
La mujer único mamífero con mamas permanentes,
y única hembra con orgasmo, y en celo todo el año.
Para que hubiera en esas cuevas un amor permanente.

El único animal que sonríe.
Los labios modificados para poder sonreír.
Separados de las encías, y así poder sonreír.
También la nariz se alargó
y la barbilla (ambas cosas para el lenguaje).
Los colmillos se atrofiaron
lo que nos cambió la cara y nos hizo hablar.
La lengua menos larga que en los monos,
eso también para hablar.
Primero sonidos simbólicos individuales,
que después fueron de todo el grupo.
El estar mucho tiempo juntos en la cueva
aumentó la comunicación.

Los monos menos humanos se perdieron en el monte.
¿El lenguaje nos hizo humanos
o el cerebro humano hizo el lenguaje?
Comenzaron a tener ideas, nociones, la muerte por ejemplo.
El único animal que sabe que va a morir.
El lenguaje fue con fines prácticos primeramente,
pero después pasó al mito y a cosas espirituales.
"Los riñones ya no sólo para hacer orines
sino también filósofos".
    Domesticó plantas y animales

    pero antes se domesticó a sí mismo.

El único animal vestido.
¿Los vestidos para ocultar la animalidad?
    Sin pelambre más que en la cabeza,
    por el sol,
    y en el sexo, para resaltarlo.
Las nalgas muy juntas sin verse el ano.
Bellos ojos, labios, dientes, del *Homo sapiens*.
Evolución de una especie para dominar la evolución.
Otra diferencia con los animales: que somos responsables.
Otra diferencia también:
    que somos para algo o para alguien.
"Un poco menor que los ángeles..."- dice el Salmo.
¿Pero por qué con pedos y con intestino recto?
Sus fósiles apenas se distinguen de los de otros animales.
    Homo sapiens –Ecce Homo
Donde encarnó Dios. Lo que pasmaba a Tertuliano:
¿Dios sacado a luz por unas partes vergonzosas
y alimentado de manera ridícula?

Todo cambio evolutivo fue para la sobrevivencia.
Hasta nosotros.
Y siendo la más adaptable de las especies
¿no nos adaptaremos también tras la muerte?

Fácil es concebirlo:
>> Una conciencia colectiva
>> cuyo cuerpo es el universo.
Sabe que va a morir. Para resucitar. Pero a morir.

El único animal que llora cuando nace.

LAS CAVERNAS

Ya en el Pleistoceno superior se conocía
la simetría, la línea, el color.
Y el pintor ha perdurado 30.000 años.

Delicada cierva sólo con líneas rectas.
La cabeza dos líneas en ángulo agudo,
un triángulo el cuerpo, y el laaargo lomo
una línea doblada al final como pata trasera.
El arte moderno volvió hacia atrás 20.000 años.
En Font de Gaume borrosos ya los dos renos,
      detrás de la cortina de calcita,
la hembra agachada doblando las patas,
delante el macho con grandes astas
lamiéndole dulcemente la frente.
      Escena no de cacería.

En la era glacial no hubo arte por el arte,
sino un origen común de la religión y el arte.
      Esos frescos son religiosos.

Ni buena iluminación ni cerca de la entrada,
sino muy adentro en salones oscuros y secretos,
El "Salón Negro" de Niaux, 800 mts. adentro de la tierra.
Trois-Frères: media hora de pasadizos misteriosos.
Y en Cabrerets, horas de laberintos.
      Lascaux, con su angostísima entrada;
      y ningún resto revela que sirvió de vivienda;
      pero en el barro danzas.
Marsoulas: milenios después de habitadas
fueron pintadas esas cuevas.

    También Altamira cuando ya estaba desocupada.
Pinturas para ser vistas sólo con antorchas.
En lugares inaccesibles. O en escondites. O estrechos nichos.
    ¿Iniciaciones? En Tuc d'Audobert
se cruza el río subterráneo,
después la cuesta casi vertical,
y los laberintos interminables, pasajes difíciles,
hasta llegar al fin a lo deslumbrante
        (¡emoción de los iniciados!).
Las posiciones tan incómodas para verlas.
Pinturas encima de pinturas debajo de pinturas.
    Revoltijo de líneas y colores.
Arte que existió 500 siglos según Herbert Kühn.

Merton no creía que fueran
anuncios comerciales mágicos de carne de bisonte.
    El arte como contacto con el misterio,
    o las fuerzas veladas de la naturaleza.
    Escondida fuente de la fertilidad y la vida.

En Trois-Frères el danzante con piel de bisonte,
y la flauta. También llamado el hombre de la flauta.
Detrás los animales (¿encantándolos?).
Y cuernos como de Pan. Pan es paleolítico, parece.
Religión que era entonces la religión verdadera
y verdaderamente la única religión.
    Oración de pintura paleolítica
    y de música y canto y danza.
    Y de algo más intangible que no deja rastro.
¿Su nombre? No sabemos. Ni si tenía nombre.
    (Tal vez muy imprecisos atributos).
Pero evolución de la idea de Dios
no encuentra Lissner. Ya estaba
cuando empezó a pensar el bípedo.

Catedrales luminosas dentro de la tierra
pre-Reims, pre-Chartres.
        Liturgias de la era glacial.
        ¿Una mística pictórica?
        ¿Pintura-Contemplación?
En Niaux la puerta es apenas una grieta
y adentro tan inmenso. Tras estrecho pasadizo
lo colosal silencioso. Donde el piso absorbe las pisadas.
        La mística es prehistórica.

        ¿Señor de los Animales?
        ¿Señora de los Animales?
        Ser Supremo o Ser Suprema.

Plegarias plásticas de la fertilidad y la vida.
        Allí muy hondo, donde los dos bisontes.
        El macho a punto de coger a la hembra.
Y los pequeños falos de arcilla, y huellas
de adolescentes en dirección de esos falos.
Procesión ritual hacia la cópula de los bisontes.

Tal vez una iniciación con ritos de la fertilidad.
        O ritos de la fertilidad en todo caso.
Hay flautas de hueso en las cuevas, o sea música;
y en el barro huellas de la danza con esa música.

Ritos enrojecidos por las antorchas.
Hay indicios de comidas sacrificiales.
Eucaristía en esas cuevas-santuarios.
Los más antiguos altares de la tierra.
Están bien ordenados los osos, calaveras de osos.
Pocas herramientas de piedra –sin señal
de manufactura de ellas dentro de la cueva.
Lejos de toda agua. No viviendas: santuarios.

    Un hombre solo no bastaba.
Debía tener un grupo de iluminadores
        (¿sacerdotes, o al menos iniciados?)
con las antorchas de mecha de malva y grasa animal
que era como tener al sol en la cueva.
Y él ante la pared con sus tierras de colores,
ocres, hematites, bióxido de manganeso.
    Negro, rojo y amarillo.
Contornos rojos de los bisontes.
Venados tensos. Velludos mamuts. Caballos al galope.
    Los colores de tierra bajo la tierra.
        Picasso, Miró, en esas cuevas.
Óxido de manganeso el negro.
Óxido de hierro el rojo.
Carbonato de calcio el blanco.

Fijados con agua calcárea de las cuevas.
    Paul Klee, Chagal.
De perfil generalmente. Caballo, bisonte, antílope.
Sobreimpuestos muchas veces en diferente escala.
Sobre cabeza de caballo ciervo de gran cornamenta.
Sin figuras centrales. Animales a veces patas arriba.
Gran cuerpo de bisonte con pies de señorita.
    Sin evolución en el arte por 30.000 años.
Como si salieran brincando de las paredes.
Brillantes, corriendo hacia lo oscuro.
    Símbolos y animales.
        Animales que son símbolos
        y los símbolos animales.
        O símbolo-animal en la roca.
    Sin que la razón hiciera distinción.
¿El animal pintado y el de afuera
no eran el mismo animal?
        El mamut era de roca
        y la roca era mamut,
        en un mundo donde todo era uno.

El artista moderno se hundió en lo profundo de su yo
que fueron las mismas profundidades de las cavernas.

 Donde está el bisonte de la Dordoña, con su lomo
que es la misma piedra natural.
        Lo natural artificial.
Como pintaban juntamente lo consciente y el inconsciente.
           Y adentro y afuera era lo mismo.

Afuera bajó el toro la cabeza formando un arco
que fue sólo un segundo en los movimientos del toro
pero el arco quedó eterno en la pared de la cueva.
El salto del reno se inmovilizó en la roca
y 30.000 años después está inmóvil.

        Ese antiguo diálogo con la eternidad.
              Y con lo cotidiano.
En un asta de ciervo están grabados
caballos y peces
(serían potros atravesando un río en primavera
cuando la subida de los salmones).
Ya hay aguja, hilo y ropa de pieles.
El clima era como es ahora Siberia.
Se subyugó a un animal brutal, el caballo.
Cuchillos "hoja de laurel". Hay algunos tan finos
que serían sólo ceremoniales o simbólicos.

Vivían en un mundo de total misterio.
¿Por qué cada día el sol aparecía y desaparecía?
Y allá arriba cada noche se encendían como carbones.

A principios del Musteriense ya había
la creencia de la vida después de la muerte.

De los megalitos nada sabemos.
Sólo que hubo comunidad.

Nos fascina Altamira
sin entenderla.

Y somos los mismos.
Somos los mismos de las cavernas
los ahora llamados civilizados.
Biológicamente somos los mismos.

Ya era la abstracción en la era Auriñaciense.
Y arte abstracto junto con el realismo de los bisontes.
Abstracto Paleolítico y más en el Neolítico.
Para hacer visible lo invisible, decir lo indecible.
El animal no conoce símbolos: él es símbolo.
Y entre él y el cazador hay un abismo.

No sabemos nada de lo soñado en esas cuevas
pero esas cuevas están en nuestros sueños.

El arpón dentro del cuerpo como en rayos X,
como visto en rayos X. Lascaux: las vísceras salidas.
En Trois-Frères un oso hirsuto de flechas. ¿Qué es?
    Hay altares, parece.

Dios de las cavernas del hombre de las cavernas.
Ya está tan lejos de nosotros esa liturgia.

El renito de Mayerdof sacrificado en mayo
(en mayo según las astas) al comenzar la cacería.
    Todo lo que pintaron era sagrado.

    O no había lo profano y sagrado.

Pintando imágenes en cavernas
se imaginó ser imagen de Dios,
y amasando figuritas de barro
amasado por las manos de Dios.

    La capilla de la Madeleine es pequeña.
    Hembras perseguidas por machos
    o montadas por machos, o hembras preñadas.
Los lomos policromos de Altamira,
sólo la roca con color.
Color-línea-roca-animal uno solo.
    Abajo el valle con cabras monteses
    y el arroyo con salmones subiendo.

¿Aún sin conciencia de alma individual sino colectiva?
¿Todavía sin identidad individual sino de la especie?
Por tanto sin muerte. Muere el individuo, no la especie.
    ¿Serían seres sin ego?
    Aún no hay individualidades en la *Ilíada*.
Parece que vivían sin pasado ni futuro.
Sin tiempo. Solamente vivían.
Sin tiempo. No sin luna.
    La luna les enseñó que la vida era cíclica.
Se muere y renace.
    (Desaparecía por tres días).

    Y la yerba nace, muere y renace.
Quiere decir, no conocían muerte personal.
Y lo de la tierra girando sobre su eje,
    mitad día, mitad noche,
        dormir, despertar,
otra vez los pájaros cantando:
creó también la convicción de la resurrección.

Señales de fogatas para calentar a los muertos,
según Spy.
            Entendiéndolo como continuación de la vida.
Igual que nosotros.
Sí, también los neanderthales. Calumniados neanderthales.
Calumniados también en el *Cántico Cósmico*. Trompudos,
grandes órbitas cuadradas, frente hundida, sin mentón:
         pero con un culto al Dios Neanderthal
(como hubo el Dios del Pitecántropo y el Dios del Sinántropo)
y ritos en entierros de niños neanderthalenses.
      Sacro Pastore, cerca de Roma, San Felice Circeo:
orificio occipital agrandado artificialmente,
   o rodeados de círculos de piedra.
Y muertos enterrados con flores
(mucho polen sobre los fósiles:
jacinto, malvarrosa, cola-de-caballo...
-en primavera). Lo que señala
a otro mundo, otra vida, o quién sabe qué más allá,
más allá, naturalmente, no jodan, de la muerte.

     Y la posición de dormir.
         La muerte como sueño es prehistórica.

Le Moustier: un niño con almohadita de piedra.
La Ferrasie: orientados hacia la puesta del sol.
    En el Tirol los osos.
Cráneos de osos hacia la puesta del sol.
No por ninguna inundación sino la mano del hombre.
Ni sobras de comida: los huesos están intactos.
Y puestos con respeto.
     Y en lo más inaccesible de la cueva.
        Hombre de las cavernas
        y oración de las cavernas.

Y hombre y mujer de las cavernas.

Definamos esa era:
    un anhelo de fertilidad y de inmortalidad.
        (Las dos cosas la misma cosa)
Y en barro húmedo en las húmedas cuevas
en mucha abundancia: la Mujer.
    Una armonía de curvas y redondeces.
Redondeces de los muslos y las nalgas y el abdomen.
    Entre los muslos está el triángulo.
Un énfasis en el sexo femenino en el Magdaleniense.
A veces en cuerpos naturalistas la vulva
es un triángulo abstracto.
O a veces sólo trabajado el triángulo.
A veces casi no hay manos ni pies
pero el triángulo bien detallado
y exagerado su tamaño.
      La caverna era la Madre.
La vulva de nuestra sagrada Madre Tierra.
Tierra de donde venimos y adonde volvemos.

      La *réalité cosmique* según Eliade.
        A la vulva volvemos otra vez a nacer.
    Triángulo sagrado de los pitagóricos.
Por ello la forma más perfecta era el triángulo
para los pitagóricos.
A veces sólo una curva nariz y cejas
pero senos y nalgas bien desarrollados.
      La vulva, el falo, los senos.
      El sexo sagrado o sacramento.
      No pornografía prehistórica.
      Y a veces pues sólo abstracción.
      Delta.
Y fuente de todos los ríos de la tierra.
Los ríos sagrados de Mesopotamia
tenían su primera fuente en la vagina de la tierra.

Una sociedad sin economía o contra la economía,
o sea sin pobreza.
      Y sin propiedades.
    Nómadas, la riqueza habría sido un estorbo.

    Nadie con propiedades, y por lo tanto libres.
    Sin propiedades y por tanto sin robos ni guerras.
Después las primeras riquezas y las primeras espadas.
Pero en las excavaciones neolíticas
          completa ausencia de armas.
Y en las pinturas de las cavernas no hay combates.

Ya había amor, solidaridad, compasión.
Pues hay fósiles de minusválidos.

Todo el Paleolítico fue pacífico.
Y pacífico aun el Neolítico.
La aldea neolítica, pacífica.
Pacífica la edad de piedra.
Las espadas aparecen con el bronce
y ya no ha habido paz hasta hoy.
El poder almacenar creó la desigualdad.
Lo que no hemos podido suprimir todavía.

        Y ya poco después la esclavitud.
En los simios es frecuente que haya déspota.
Y los demás sumisos.
        No huyen a formar otro grupo,
        crear otro partido.
Pero en los humanos la tiranía fue mayor.
Y la sumisión (esclavos) mayor
que la del más sumiso mono.

En la sala de los bisontes, última sala,
las huellas impresas del último baile,
en el lodo de finales del Magdaleniense.
Al lado –dejado– un cuchillo de pedernal.
Bailaron la danza de los bisontes y no volvieron.
Las estalagmitas y estalactitas lentamente
goteando por siglos fueron cerrando la última

sala.
La sala de un rito de la fertilidad
donde está el bisonte macho detrás de la hembra
    a punto de saltar para cubrirla.

Un mundo de fantasía bajo la tierra.
Y qué mitos o creencias eran, o dioses
esos animales, no lo sabremos jamás.

Al final de la Era Glacial terminó aquel arte.
La cueva de las pinturas se cerró. 15.000 años
estuvo así, hasta que en 1895
entraron en ella cuatro niños jugando.

ÍNDICE

Pluriverso/ 7

Con Martí mirando las estrellas/ 21

El universo de 3 libras/ 33

Hoyos negros/ 42

Ecce Homo/ 52

Las cavernas/ 59

www.ingramcontent.com/pod-product-compliance
Lightning Source LLC
Chambersburg PA
CBHW061957070426
42450CB00011BA/3167

ÍNDICE

Pluriverso/ 7

Con Martí mirando las estrellas/ 21

El universo de 3 libras/ 33

Hoyos negros/ 42

Ecce Homo/ 52

Las cavernas/ 59

www.ingramcontent.com/pod-product-compliance
Lightning Source LLC
Chambersburg PA
CBHW061957070426
42450CB00011BA/3167